COMMENTAIRE

DE LA LOI DU 22 JUILLET 1828

SUR LA RÉVISION ANNUELLE

des Listes électorales et du Jury.

PAR M. MOUREAU,

(De Vaucluse),

AVOCAT A LA COUR ROYALE DE PARIS.

Scire leges non est verba earum tenere, sed vim ac potestatem.

A PARIS,

CHEZ MOUTARDIER, LIBRAIRE,

RUE GIT-LE-COEUR, N° 4.

1828.

COMMENTAIRE

DE LA LOI DU 2 JUILLET 1828,

SUR LA RÉVISION ANNUELLE

DES LISTES ÉLECTORALES ET DU JURY.

403c

PARIS, IMPRIMERIE DE GAULTIER-LAGUIONIE.

COMMENTAIRE

DE LA LOI DU 22 JUILLET 1828

SUR LA RÉVISION ANNUELLE

des Listes électorales et du Jury.

PAR M. MOUREAU,

(De Vaucluse),

AVOCAT A LA COUR ROYALE DE PARIS.

Scire leges non est verba earum tenere, sed vim
ac potestatem.

A PARIS,

CHEZ MOUTARDIER, LIBRAIRE,

RUE GÎT-LE-COEUR, N° 4.

1828.

COMMENTAIRE

DE LA LOI DU 2 JUILLET 1828,

SUR LA RÉVISION ANNUELLE

des listes électorales et du Jury.

La loi du 2 mai 1827, sur l'organisation du jury, avait *touché* à la première, à la plus essentielle de nos institutions politiques, L'ÉLECTION DES DÉPUTÉS à la Chambre représentative des communes de France.

En déterminant les formalités que les citoyens avaient à remplir pour être membres du jury, et surtout en statuant que la liste du jury, dans sa première partie, serait la liste électorale, le législateur avait porté un coup mortel à la fraude dont la France avait été témoin et victime aux élections de 1824.

Je sortirais du sujet que je me propose de traiter, si j'entrais ici dans le détail des manœuvres employées pour fausser les élections. La France entière les connaît. La loi du 2 mai 1827 est spéciale au jury; elle ne touche, pour ainsi dire, qu'en passant à la matière électorale. Torturée à sa naissance par l'ancien ministère, cette loi avait besoin d'être expliquée, étendue et révisée par le législateur; c'est ce qui a été fait par la loi du 2 juillet 1828, *sur la révision annuelle des listes électorales et du jury,* que je me propose d'examiner dans chacun de ses articles.

Le premier porte :

ARTICLE PREMIER. « Les listes faites en vertu de la loi du 2 « mai 1827 sont permanentes, sauf les radiations et inscrip- « tions qui peuvent avoir lieu lors de la révision prescrite par « la présente loi.

« Cette révision sera faite conformément aux dispositions « suivantes : »

Ainsi il est statué d'une manière claire et pré- cise que les listes électorales SONT PERMANENTES.

La loi du 2 mai 1827 avait bien dit la même chose, mais non en termes exprès; et quoiqu'il ne fût pas permis de se méprendre sur les disposi- tions de son article 5 (1), divers préfets avaient rayé, à la veille des élections, plusieurs citoyens qu'ils avaient d'abord inscrits sur les listes déjà dressées par eux-mêmes. Quelques personnes avaient émis l'opinion que la liste du jury devait être *refaite* chaque année; c'était, en d'autres termes, prétendre que la liste électorale de l'an- née précédente cessait d'exister au 1er octobre suivant. Il n'est plus possible aujourd'hui à l'er-

_____

(1) « Nul ne pourra cesser de faire partie des listes prescrites par « l'article 2, qu'en vertu d'une décision motivée ou d'un jugement « contre lesquels le recours ou l'appel auront un effet suspensif. » (*Art.* 5 *de la loi du* 2 *mai* 1827.)

reur ou à la mauvaise foi de soutenir cette doc-
trine. Une fois qu'un citoyen est inscrit sur la
liste électorale, aux termes de l'article 1er de la
loi du 5 février 1817 (1), il reste électeur toute sa
vie, sans être soumis à remplir aucune formalité;
il ne peut plus perdre cette qualité que par la
mort ou le changement de son état.

ART. 2. « Du 1er au 10 juin de chaque année et aux jours
« qui seront indiqués par les sous-préfets, les maires des
« communes composant chaque canton se réuniront à la mairie
« du chef-lieu, sous la présidence du maire, et procéderont à
« la révision de la portion de la liste formée en vertu de la loi
« du 2 mai 1827, qui comprendra les citoyens de leur canton
« appelés à faire partie de cette liste. Ils se feront assister des
« percepteurs de l'arrondissement cantonnal. »

ART. 3. « Dans les villes qui forment à elles seules un canton,
« ou qui sont partagées en plusieurs cantons, la révision des
« listes sera effectuée par le maire, les adjoints et les trois plus
« anciens membres du conseil municipal, selon l'ordre du ta-
« bleau. Les maires des communes qui dépendraient de l'un
« de ces cantons seront aussi appelés à la révision, sous la pré-
« sidence du maire de la ville. A Paris, les maires des douze ar-
« rondissemens, assistés des percepteurs, procéderont à la ré-
« vision, sous la présidence du doyen de réception. »

ART. 4. « Le résultat de cette opération sera transmis au sous-
« préfet qui, avant le 1er juillet, l'adressera, accompagné
« de ses observations, au préfet du département. »

Mettre en mouvement, chaque année, tous les
maires de France; les obliger de se déplacer pour
se réunir au chef-lieu des cantons, assistés des
percepteurs, c'est remuer au moins quarante-cinq

(1) « Tout Français jouissant des droits civils ou politiques, âgé
« de trente ans accomplis et payant 300 francs de contributions.

mille citoyens; et pourquoi? pour faire dans le canton ce que chacun d'eux pouvait faire dans sa commune.

Toutefois ce mouvement n'a rien que de conforme au système représentatif. Cette disposition prouve combien le législateur met de prix à ce que la liste électorale soit vraie et pure dans sa source. Ce déplacement, au reste, pour les maires des communes rurales ne saurait être long, puisque chacun, au moyen des registres de l'état civil, aura fait, avant de se rendre au chef-lieu du canton, l'état des électeurs morts dans l'année, des citoyens qui, depuis la dernière réunion, auront atteint leur trentième année, et qui, d'après le taux de leurs contributions, ont droit d'être portés sur la liste; de ceux dont les impositions ont augmenté ou diminué par suite de dégrèvement ou de mutations de propriétés, et qui ont atteint ou perdu le cens requis pour devenir ou cesser d'être électeurs, ou qui doivent enfin être rayés de la liste, soit comme faillis, soit comme frappés d'interdiction ou de condamnations emportant la perte de leurs droits politiques. Mais je n'en persiste pas moins à soutenir qu'à l'avenir, sur dix cantons ruraux, neuf enverront des états négatifs aux sous-préfets, et qu'il n'y avait pas motif suffisant pour déplacer momentanément, tant de maires et de percepteurs.

« directes, est appelé à concourir à l'élection des députés du département où il a son domicilé politique. » (*Art. 1.er de la loi du 5 février 1817.*)

ART. 5. « A partir du 1ᵉʳ juillet, le préfet procédera à la « révision générale de la liste. »

ART. 6. « Il y ajoutera les citoyens qu'il reconnaîtra avoir « acquis les qualités requises par la loi, et ceux qui auraient « été précédemment omis. Il en retranchera 1° les individus dé-« cédés; 2° ceux qui auront perdu les qualités requises; 3° « ceux dont l'inscription aura été déclarée nulle par les autorités « compétentes; 4° enfin ceux qu'il reconnaîtrait avoir été indû-« ment inscrits, quoique leur inscription n'eût pas été attaquée. « Il tiendra un registre de toutes ces décisions, et il fera « mention de leurs motifs et des pièces à l'appui. »

Cet article n'est susceptible d'aucun commentaire. Il donne au préfet seul le droit de dresser la liste électorale; travail facile aujourd'hui, puisqu'il ne s'agit plus que de quelques rectifications sur lesquelles les opérations préparatoires des maires et des sous-préfets auront déjà fourni à l'administrateur central du département les premiers élémens.

Quelques personnes ont cru trouver, dans la disposition du quatrième paragraphe, qui donne au préfet le droit de retrancher de la liste ceux qu'il reconnaîtrait y avoir été indûment inscrits, *quoique leur inscription n'eût pas été attaquée*, un pouvoir, qui, dans des mains déloyales, serait maître d'affaiblir et de dénaturer la liste, par le retranchement d'un nombre suffisant d'électeurs; de telle sorte qu'il pourrait obtenir des élections telles qu'il les voudrait.

Cette crainte, d'après les dispositions subséquentes de la loi, que nous examinerons bientôt,

ne me paraît pas fondée. Si un intrus se trouve
sur la liste, et qu'il ait été assez adroit pour sous-
traire, aux yeux de ses concitoyens, les vices des
pièces qu'il a dû produire, il faut bien que le préfet,
qui a à sa disposition les moyens de vérifier la sincérité de ses titres, ait le droit de signaler l'erreur
en la réparant.

Que si, trahissant ses sermens, et manquant
par conséquent à l'honneur, un préfet opérait,
par esprit de parti, ou d'après les instructions se-
crètes d'un ministère infidèle, la radiation d'un ou
plusieurs électeurs, à quoi lui servirait un acte
pareil? La loi conserve au citoyen inscrit, qui réclame contre sa radiation, le droit électoral jusqu'à ce que l'autorité souveraine ait définitivement
prononcé. Ce droit a été fixé par l'article 5 de la loi
du 2 mai 1827, que nous avons déjà transcrit; il a
été consacré de nouveau par la discussion de cet
article à la tribune nationale, dans la séance de la
Chambre des Députés du 1er mai de cette année.
Ne créons donc pas des chimères pour avoir le
plaisir de les combattre.

Voyons quelles sont les voies ouvertes aux vrais
électeurs contre les erreurs possibles de l'autorité.

Art. 7. « La liste ainsi rectifiée par le préfet sera affichée, le
« 15 août, au chef-lieu de chaque commune, et déposée au se-
« crétariat des mairies, des sous-préfectures et de la préfec-
« ture, pour être donnée en communication à toutes les per-
« sonnes qui la requerront.

« Elle contiendra, en regard du nom de chaque individu

« inscrit sur la première partie de la liste, l'indication des ar-
« rondissemens de perception où il paie des contributions, pro-
« pres ou déléguées, ainsi que la quotité et l'espèce des con-
« tributions pour chacun de ces arrondissemens. »

Cet article fait cesser un abus révoltant, contre
lequel les citoyens avaient réclamé de tous les
points du royaume. Jusqu'à ce jour, il avait été
très-difficile aux électeurs d'avoir communication
de cette liste ; on l'affichait par parcelles, et si
haut que nul ne pouvait la lire ; dans la nuit, ces
affiches disparaissaient. Il était, de plus, impossible de vérifier dans quelle commune un intrus
payait l'impôt dont il était gratifié sur la liste. La
loi du 5 février 1817 n'exigeait pas que la liste
mentionnât où cet impôt était payé, et celle du 29
juin 1820, qui avait amélioré la première, n'exigeait que le nom du département; aussi, en 1824,
disait-on sur la liste électorale qu'un individu qui
n'avait aucun titre à l'électorat, avait ses propriétés territoriales dans le département du Var. On
eût dit qu'elles étaient dans celui des Alpes-Mari-
times, si Nice eût encore fait partie du royaume.

Aujourd'hui il n'en sera plus ainsi. La liste sera
déposée au secrétariat de toutes les mairies, des
sous-préfectures, des préfectures; elle sera donnée en communication à toutes les personnes qui
le requerront. Nous engageons messieurs les employés des bureaux à se montrer honnêtes et bien-
veillans envers tous les citoyens qui se présente-
ront pour en prendre connaissance. Il faut de la
patience envers le public ; que le public n'oublie

pas à son tour que ces employés consacrent à le servir leurs veilles, et la plupart leur existence entière ; mais qu'ils n'oublient jamais aussi que c'est des contribuables qu'ils reçoivent le prix de leur travail.

Chacun pourra vérifier si l'électeur qu'on lui donne pour collègue a véritablement le droit de siéger à son côté. Remarquez les termes dont le législateur se sert : la liste doit contenir *l'indication des arrondissemens de perception* où les contributions sont payées. Pourquoi ne pas dire la commune de la situation des biens ? Chaque commune a sa matrice des rôles, et quoique un percepteur ait quelquefois diverses communes dans sa perception, il ne sera pas moins obligé de spécifier, dans les extraits qui pourront lui être demandés, les communes sur le territoire desquelles sont situées les propriétés dont le percepteur est obligé de faire connaître les cotes partielles.

ART. 8. « La publication prescrite par l'article précédent « tiendra lieu de notification des décisions intervenues aux « individus dont l'inscription aura été ordonnée,

« Toute décision ordonnant radiation sera notifiée dans les « dix jours à celui qu'elle concerne, ou au domicile qu'il sera « tenu d'élire pour l'exercice de ses droits politiques, s'il n'ha- « bite pas le département.

« Cette notification et toutes celles qui doivent avoir lieu, « aux termes de la présente loi, seront faites suivant le mode « employé jusqu'à présent pour les jurés, en exécution de « l'article 389 du Code d'instruction criminelle. »

Le premier paragraphe de cet article ne peut

donner matière à contestation. Il est du devoir
de chaque citoyen à qui la loi confère le droit d'é-
lire, de vérifier sur la liste publiée par l'affiche, et
mise pour ainsi dire à sa disposition, par le dépôt
qui en est fait à sa mairie, s'il y a été inscrit.

Il n'en est pas de même du second paragraphe.
D'après l'article 3 de la loi du 5 février 1817 (1),
on peut avoir un *domicile politique* différent de
son domicile réel; c'est-à-dire qu'il est libre à tout
citoyen de demeurer dans un département, et
d'exercer son droit électoral dans un autre.

Si le cas prévu par cet article se présente; si le
préfet raye de la liste électorale des Pyrénées-Orien-
tales un citoyen qui s'y trouvait inscrit parce qu'il
avait le droit d'exercer ses droits politiques dans
ce département, tandis qu'il avait son domicile de
fait à Strasbourg, comment le préfet des Pyrénées-
Orientales lui notifiera-t-il sa décision? On dira
qu'elle lui sera notifiée *au domicile qu'il est tenu
d'élire dans ce département.*

(1) Le domicile politique de tout Français est dans le département où il a son domicile réel. Néanmoins il pourra le transférer
dans tout autre département où il paiera des contributions directes,
à la charge par lui d'en faire six mois d'avance une déclaration
expresse devant le préfet du département où il aura son domicile
politique actuel et devant le préfet du département où il voudra le
transférer. La translation du domicile réel ou politique ne donnera l'exercice du droit politique, relativement à l'élection des
députés, qu'à celui qui, dans les quatre ans antérieurs, ne l'aura
point exercé dans un autre département. Cette exception n'a pas
lieu dans le cas de dissolution de la chambre. (*Art. 3 de la loi du
5 février* 1817.)

Mais il y a ici une lacune dans l'article, qui n'a pas été aperçue lors de la discussion.

On a pensé que la déclaration voulue par l'article 3 de la loi du 5 février 1817 suffisait; et on n'a pas fait attention que cet article, en distinguant le domicile réel du domicile politique, et en autorisant la translation de celui-ci, n'avait pas exigé du *déclarant* qu'il fît connaître la commune du département où il entendait placer le siége de ce domicile politique.

Il faut donc, dans ce cas, que la raison supplée au silence du législateur.

Désormais, quand un citoyen voudra séparer son domicile politique de son domicile réel, il faudra, que, dans la double déclaration imposée par l'article 3 de la loi du 5 février, il ajoute, qu'à cet effet il élit ce domicile politique *dans telle commune, chez telle personne*, ainsi que cette obligation est imposée (pour les inscriptions hypothécaires), par le second paragraphe de l'article 2148 du Code civil. La simple déclaration de l'élection de domicile dans un département serait illusoire, si elle ne spécifiait la commune et la maison où l'électeur entend que toute signification puisse lui être faite : c'est dans ce sens qu'il faut exécuter, et l'article 3 de la loi du 5 février, et le second paragraphe de l'article 8 de la loi du 2 mai. Cet article, dans son troisième paragraphe, détermine que la notification de la radiation d'un électeur inscrit, doit être faite *en exécution de l'article* 389 *du Code d'instruction cri-*

minelle; mais le mode à suivre pour l'élection du domicile politique n'y est pas indiqué.

Ainsi, j'invite tous les électeurs qui ont déjà fait les deux déclarations voulues par la loi du 5 février, à vérifier si celle faite devant le préfet du département où ils veulent exercer leur droit politique, contient le domicile spécial, et dans le cas où ce domicile spécial n'eût pas été indiqué, à réparer cette omission le plus tôt possible; car la nouvelle loi, en prescrivant l'élection d'un domicile, ordonne, implicitement il est vrai, mais n'en ordonne pas moins que ce domicile soit indiqué, de telle manière, que le préfet qui aurait une notification à faire, puisse la faire à un domicile positif.

Il ne suffirait pas à un préfet de notifier à un citoyen inscrit sur la liste électorale que son nom en a été retiré; cette notification doit contenir en outre les motifs sur lesquels le préfet a basé la radiation. Si la loi n'en a pas textuellement imposé l'obligation au préfet, c'est parce qu'il était *inutile* de mettre dans la loi que l'autorité doit faire connaître à un citoyen les motifs pour lesquels elle le prive d'un droit, étant de principe qu'elle ne peut se dispenser de lui en donner connaissance. Comment, en effet, pourrait-il se défendre, si les motifs, sur lesquels on a pu le condamner sans l'entendre, lui étaient cachés? Il ne restera aucun doute sur le sens que nous donnons à cette disposition, si l'on consulte la discussion qui s'éleva à ce sujet, dans la séance du 2 mai, à la Chambre des Députés.

ART. 9. « Après la publication de la liste rectifiée, il ne
« pourra plus y être fait de changement qu'en vertu de déci-
« sions rendues par le préfet, en conseil de préfecture, dans les
« formes ci-après. »

Il résulte de cet article que toutes les opérations relatives à la liste électorale, qui doit être
affichée le 15 août, sont du ressort exclusif du
préfet. Il n'a pas besoin de consulter les membres
de son conseil de préfecture. Ils devraient même
s'abstenir d'en prendre la moindre connaissance,
puisqu'il est possible qu'ils soient bientôt appelés
à prononcer comme juges de première instance
sur cette opération du préfet. Il faut donc, si
le cas se présente, que l'affaire soit portée vierge
à leur investigation et à leur jugement.

TITRE SECOND.

ART. 10. « A compter du 15 août, jour de la publication, il
« sera ouvert au secrétariat-général de la préfecture un re-
« gistre coté et paraphé par le préfet, sur lequel seront ins-
« crites, à la date de leur présentation, et suivant un ordre de
« numéros, toutes les réclamations concernant la teneur des
« listes. Ces réclamations seront signées par le réclamant ou
« par son fondé de pouvoirs.
« Le secrétaire-général donnera récépissé de chaque récla-
« mation et des pièces à l'appui. Ce récépissé énoncera la date
« et le numéro de l'enregistrement. »

Par cet article, le législateur fait cesser un abus
que la précédente administration avait introduit, et
par suite duquel il était impossible à un électeur,
qui avait fait une réclamation contre une erreur
de la liste, de prouver qu'il avait en effet réclamé

contre cette erreur. Elle avait autorisé les secré-
taires des préfectures et des mairies à refuser le récépissé des pièces qui y étaient déposées. Il est
résulté de cette révoltante déloyauté que beaucoup de citoyens ont égaré des titres de propriété
et des actes précieux de famille ; dommage dont
les auteurs sont cependant encore responsables
envers ceux qui peuvent en souffrir.

ART. 11. « Tout individu qui croirait devoir se plaindre, soit
« d'avoir été indûment inscrit, omis ou rayé, soit de toute
« autre erreur commise à son égard dans la rédaction des listes,
« pourra, jusqu'au 30 septembre inclusivement, présenter sa
« réclamation, qui devra être accompagnée de pièces justifica-
« tives. »

On demande comment, après avoir donné à
l'électeur le droit de réclamer contre son indue
inscription, ou son omission, ou sa radiation, il
serait possible qu'il pût y avoir une *autre erreur
commise à son égard ?* La réponse est facile. Cette
erreur peut exister de deux manières : 1° si la cote
des impositions qu'il paie n'est pas exactement
mentionnée sur la liste ; 2° si celle que paie tout
autre électeur était également rapportée d'une manière infidèle. Parce que, dans l'état actuel de notre
législation, si la quotité d'impôts, attribuée sur les
listes aux citoyens inscrits, ne pouvait être l'objet
d'une rectification, la composition des grands colléges se trouverait laissée à la discrétion des préfets, qui auraient la faculté, en élevant ou en di-
minuant le cens de tels ou tels électeurs, de former
ces colléges à peu près comme il leur plairait. La

justesse de ces observations, présentées par l'honorable M. Daunan, dans la séance de la Chambre
des Députés du cinq mai dernier, fut hautement
reconnue par le ministre de l'intérieur.

Remarquons que cet article ne donne droit de
réclamation à l'électeur que pour ce qui le concerne personnellement. Le suivant étend ses attri-
butions.

Art. 12. « Dans le même délai, tout individu inscrit sur la
« liste d'un département pourra réclamer l'inscription de tout
« citoyen qui n'y serait pas porté, quoique réunissant toutes
« les conditions nécessaires, la radiation de tout individu qu'il
« prétendrait y être indûment inscrit, ou la rectification de
« toute autre erreur commise dans la rédaction des listes.

« Il devra motiver sa demande et l'appuyer de pièces jus-
« tificatives. »

Cet article donna lieu à une assez vive discussion dans la Chambre des Députés Il n'était cependant que la conséquence du précédent ; car il
m'importe toujours de n'avoir à mes côtés, dans
le collège électoral, que de vrais électeurs. Moins
il y aura de faux électeurs, plus mon vote aura de
poids ; plus il y aura de vrais électeurs, plus mon
opinion sera représentée. Ici la force est dans la
vérité de l'opinion, et par conséquent dans la réa-
lité du collège. Un collège électoral, d'où seraient
écartés de vrais électeurs, où seraient introduits
de faux électeurs, ne serait pas l'organe de la
vérité, mais celui du mensonge ; car la vérité aurait
été attaquée dans son essence.

Quelles sont les formalités imposées à l'électeur
inscrit, qui croit avoir à réclamer contre des er-

reurs d'omission faites sur la liste, ou contre des
erreurs à la suite desquelles des individus non-
électeurs y auraient été portés, ou pour la rectification de toute autre erreur? Il doit, avant le 30
septembre, adresser au préfet du département une
réclamation contre l'erreur qu'il a cru découvrir
sur la liste; mais il doit joindre à cette réclamation
les pièces justificatives sur lesquelles elle est basée. Il doit retirer du secrétariat-général le récépissé de sa réclamation, et des pièces qui y sont
jointes.

Toute réclamation, qui ne serait appuyée d'aucune pièce, devrait être considérée comme non-
avenue par le préfet. Mais j'estime que le préfet,
muni de ces pièces, doit en vérifier le contenu et
l'efficacité, et prendre ensuite une détermination
positive en conseil de préfecture. Jusqu'ici, c'est
au préfet que l'investigation est dévolue. La loi
n'a pas obligé à autre chose *l'électeur inscrit* qui
réclame.

Qu'on relise bien attentivement cet article; qu'on
examine la progression que la loi suit dans la marche
qu'elle trace d'abord à l'individu pour lui assurer
l'exercice de son droit méconnu; ensuite à l'électeur, pour qu'il puisse appeler à lui tous ceux qui
ont des droits pareils aux siens, et en éloigner
ceux qui ne les ont pas, et on se convaincra que,
par l'article 13 qui suit, le législateur a voulu at-
teindre le dernier degré de la progression, en appelant tous les citoyens à signaler les erreurs qui
pourraient, malgré toutes les précautions prises

2.

jusqu'ici, exister encore sur les listes électorales.

ART. 13. « Aucune des demandes énoncées dans l'article pré-
« cédent ne sera reçue, lorsqu'elle sera formée par des tiers,
« qu'autant que le réclamant y joindra la preuve qu'elle a été
« par lui notifiée à la partie intéressée, laquelle aura dix jours
« pour y répondre, à partir de celui de la notification. »

J'ai dit, en examinant l'article 12, que l'électeur, qui demandait la rectification de la liste en
ce qu'elle pouvait avoir d'irrégulier, n'était soumis
à aucune autre formalité que d'adresser au préfet
sa réclamation et les pièces sur lesquelles elle est
établie. Faut-il de plus, d'après l'article 13, qu'il
joigne à la réclamation et aux pièces la preuve que
cette réclamation et ces pièces ont été par lui déjà
notifiées à la partie contre laquelle la réclamation
a été formée? Je ne le pense pas. Ainsi, dans mon
opinion, toute autre personne qu'un électeur
inscrit a le droit de réclamer contre une erreur
qu'elle aurait cru découvrir sur les listes électorales et du jury; mais la loi défend à cette personne de se présenter à la préfecture, sans lui
justifier qu'elle a notifié à l'individu, contre l'inscription duquel elle réclame, sa demande et les
pièces sur lesquelles elle l'a basée.

Il est des personnes que la lumière offusque,
que la vérité chagrine; elles sont divisées entre
elles : les unes désirent l'ancien régime tout
pur, et, pour y ramener la France, elles vou-
draient se servir de la Charte comme transition.
Les autres consentiraient cependant à l'existence

du gouvernement constitutionnel, mais à condition qu'elles l'exploiteraient seules, et de telle manière encore que la substance disparût tout-à-fait sous l'écorce. Elles soutiendront 1° que, d'après l'article 13, la notification préalable à la partie attaquée est imposée à l'électeur inscrit ; 2° qu'une pareille réclamation ne peut émaner de toute autre personne que d'un électeur inscrit.

Je dois convenir que cette double prétention n'est pas sans avoir pour elle une apparence de raison. En effet, dans la discussion, M. Pelet de la Lozère présenta, sur la première partie de cet article, un amendement conçu en ces termes : « Lorsque l'une des demandes énoncées en l'ar- « ticle précédent aura été formée, elle sera no- « tifiée dans le délai de cinq jours *par le préfet* à « la partie intéressée, laquelle aura dix jours « pour y répondre. » Après une discussion dans laquelle M. Dupin aîné soutint l'amendement de la force de sa logique et de son éloquence, cet amendement fut rejeté. Mais si l'intention du lé-gislateur n'avait pas été, en définitive, de recon-naître à tous les Français la faculté de demander la rectification d'une erreur, chose très-naturelle s'il en fût jamais, n'aurait-on pas laissé l'article tel qu'il était présenté en ces termes : *Aucune des demandes énoncées dans l'article précédent ne sera reçue qu'autant que le réclamant y joindra*, etc. ; et quand le législateur n'a pas voulu de cette rédac-tion d'après laquelle il n'y aurait plus eu le moin-dre doute, et qu'il a rédigé la loi en ces termes :

« Aucune demande énoncée dans l'article précé-
« dent ne sera reçue, LORSQU'ELLE SERA FORMÉE PAR
« DES TIERS, etc., etc., n'a-t-il pas décidé que des
« TIERS pourraient élever des réclamations?» Dira-t-
on que ces *tiers* sont les électeurs inscrits? Mais
alors il était inutile d'ajouter les tiers à la rédaction du projet ; car les électeurs tenaient déjà ce
droit de l'article 12. C'est par amendement de la
commission que la disposition en faveur des *tiers*
a été ajoutée et adoptée par la chambre ; et M. Pelet de la Lozère proposait principalement de dispenser le tiers de faire connaître sa réclamation à
la partie attaquée, et voulait que la notification
émanât du préfet.

J'avoue que dans le développement de son amendement, M. Pelet de la Lozère a considéré les électeurs comme les *tiers* dont voulait parler l'article 13 ; mais je pense que, dans cette partie, il
n'avait pas bien saisi le sens des termes ajoutés par
la commission à l'article, et que ce n'est que parce
qu'il voulait que les *tiers* fussent suppléés par le
préfet, pour la notification de la demande en radiation, que la chambre a passé à l'ordre du jour.

Toutefois je pourrais être dans l'erreur, et ce
qui me fait naître quelque doute, c'est que, d'après
l'article 26 de la loi, les percepteurs ne sont tenus
à délivrer des extraits des rôles qu'aux individus
qualifiés dans l'article 12. Si donc un préfet s'abs-
tenait de prononcer sur une réclamation appuyée
de pièces justificatives qui lui seraient adressées par
un électeur inscrit, mais sans la preuve que le

tout a été préalablement notifié à l'individu contre lequel la réclamation est dirigée ; si un préfet regardait comme non-avenue une réclamation contre une erreur présumée de la liste qui lui serait adressée par un ou plusieurs citoyens qui ne seraient pas électeurs, quoiqu'ils joignissent à la réclamation les pièces à l'appui, et la preuve que le tout avait été préalablement signifié à la personne attaquée, la prudence voudrait alors que la réclamation fût, dans le premier cas, notifiée à la requête de l'électeur inscrit ; dans le second, qu'un électeur inscrit se saisît de la réclamation d'abord présentée par un tiers non inscrit.

Toutefois, je fais les suppositions suivantes : dans un collége électoral, un candidat n'a été nommé qu'à la pluralité absolue d'une voix. Deux instrus cependant ont voté dans ce collége ; le préfet n'a fait aucune attention à la réclamation qui lui a été adressée contre leur inscription, aux pièces sur lesquelles elle est appuyée, à la notification préalablement faite à ces deux faux électeurs, parce que cette demande en radiation de la liste lui avait été faite par un ou plusieurs citoyens non inscrits, ou par un électeur qui n'aurait pas fait notifier sa demande ; je demande si, à la vérification des pouvoirs, une pareille élection serait validée, alors qu'il serait prouvé à la Chambre, au moyen de pièces authentiques, que ces deux votans n'étaient pas électeurs? Je ne balance pas à soutenir que l'élection serait

annulée. Pourquoi? Parce qu'il serait démontré
que la majorité des suffrages vrais n'est pas acquise
à l'élu. Que veut, qu'exige impérieusement le législateur en cette matière? La vérité dans les listes;
la vérité du droit dans les votans. C'est ce qui résulte de toutes les opinions, de tous les discours,
de chaque ligne pour ainsi dire de la discussion de
la loi. Tous les orateurs, de quelque partie de la
salle qu'ils se soient levés, ont déclaré qu'ils n'a-
vaient d'autre intention que de rendre les listes
VRAIES. Et quand le préfet, d'après l'article 6, a
le droit d'opérer des radiations alors qu'il a une
connaissance personnelle que certains inscrits ont
perdu, ou n'ont jamais eu le droit d'être portés sur
la liste, on voudrait qu'il fût impossible à un citoyen français de lui signaler, de lui prouver par
des pièces authentiques qu'il a commis une erreur,
ou une injustice. Que veut la loi? Je l'ai dit: la
VÉRITÉ. Un préfet qui la repousserait parce qu'elle
lui parviendrait par un citoyen qui n'est pas inscrit sur la liste, serait un mauvais administrateur,
un homme de parti, un factieux indigne de la con-
fiance du roi; et la chambre élective, en cassant
une élection vicieuse et fausse par son fait, signa-
lerait sa turpitude et sa mauvaise foi.

Il ne faut pas conclure de ce que je viens de
dire que les formalités exigées par l'article 13
sont inutiles; le législateur les a établies pour
prévenir des tracasseries que le premier venu aurait pu susciter aux électeurs ou à l'administration.

Mais la bonne foi, la loyauté, ne veulent pas que ces formalités deviennent un arsenal de fins de non-recevoir.

La loi ne dit pas dans quelle forme sera faite la *notification* exigée par l'article 13; nous pensons que le réclamant doit donner, par le ministère d'un huissier, à l'individu qu'il attaque, copie de la *demande* qu'il adresse au préfet, et copie des pièces sur lesquelles elle est basée.

Cet exploit doit-il être enregistré gratuitement? Je ne le crois pas; le législateur a dit que les actes judiciaires auxquels l'appel d'une décision du préfet devant une cour royale donnerait lieu, seront enregistrés gratis; il ne l'a pas dit pour la notification du tiers à l'individu qu'il attaque. Le droit commun reste en vigueur puisqu'il n'y est pas dérogé.

Comment la personne attaquée répondra-t-elle? Par un Mémoire qu'elle adressera au préfet dans les dix jours de la *notification* qui lui aura été faite, et auquel elle devra joindre les pièces qui pourraient être contraires à celles sur lesquelles était appuyée la demande dirigée contre lui.

Cette réponse devra être enregistrée à la préfecture par le secrétaire-général au jour de sa réception, et récépissé du dépôt doit en être exigé afin de prouver que la réponse est parvenue à l'autorité dans le délai fatal fixé par la loi.

Art. 14. « Le préfet statuera en conseil de préfecture sur
« les demandes dont il est fait mention aux articles 11 et 12
« ci-dessus, dans les cinq jours qui suivront leur réception,

« quand elles seront formées par les parties elles-mêmes ou par
« leurs fondés de pouvoirs; et dans les cinq jours qui suivront
« l'expiration du délai fixé par l'article 13, si elles sont for-
« mées par des tiers.

« Ses décisions seront motivées.

« La communication, sans déplacement, des pièces respec-
« tivement produites, sur la question en contestation, devra
« être donnée à toute partie intéressée qui le requerra. »

Cet article ne saurait donner matière à disserta-
tion; le délai de cinq jours est nécessaire à l'administration pour examiner la réclamation et motiver sa décision. Je ne m'y arrêterai un instant
que pour dire un mot relatif aux *fondés de pou-*
voirs, ce qui eût pu trouver également sa place à
l'article 10.

Une administration malveillante a, aux élections
antérieures, élevé des difficultés sans cesse renais-
santes, surtout contre les demandes en inscription.
Il est inutile de rappeler toutes les subtilités à l'aide
desquelles elle repoussait les citoyens qui récla-
maient, au nom de vrais électeurs, qui ne se trou-
vaient pas, au moment de la publication des listes,
aux chefs-lieux de préfecture.

La nouvelle loi ne s'explique pas sur la forme
des pouvoirs dont serait investi un procureur
fondé. Cette forme reste donc dans le droit commun. Voici ce que dit le droit commun : « Le man-
« dat peut être donné ou par acte public ou par
« écrit sous seing-privé, MÊME PAR LETTRE. » (Art.
1985 du Code civil.) « Les femmes et les mineurs
« émancipés peuvent être choisis pour mandatai-
« res. » (Art. 1990 du même Code.)

Le droit commun est si précis, si clair, que tout commentaire serait superflu. Tout ce qu'un préfet peut exiger, à la rigueur, si le mandat est sous seing-privé, c'est que le mandataire certifie, au bas du sous-seing-privé, la sincérité de la signature de son commettant.

Le fondé de pouvoirs doit joindre, à la réclamation qu'il fait au nom d'autrui, son mandat parmi les pièces qu'il dépose au secrétariat de la préfecture, et il doit être visé dans le récépissé délivré par le secrétaire-général.

Si le *pouvoir* est sous seing-privé, doit-il être écrit sur papier timbré? doit-il être enregistré? Comme il résulte de la discussion, comme il résulte de l'esprit de la loi, manifesté surtout par la teneur de certains de ses articles, que le législateur a voulu que les réclamations, que les contestations de cette nature entraînassent le moins de frais possible, je ne crois pas qu'on soit forcé à faire, pour agir devant l'administration, des frais dont on est textuellement dispensé alors que la contestation devient judiciaire.

Je sais bien que lorsqu'on présente aux tribunaux un pouvoir sous seing-privé, une lettre missive, il faut, au préalable, les soumettre à la formalité du timbre et de l'enregistrement; mais cette formalité n'est pas d'une absolue nécessité devant l'administration; dans cette espèce particulière la loi en dispense quand on arrive devant les Cours royales, donc cette formalité, toute fiscale, n'est pas nécessaire. La date certaine est, ici, assurée par l'enregistrement des pièces à la préfecture. Je regarderais le refus d'un pouvoir, sous seing-privé sous un de ces deux motifs, comme une véritable chicane, dont les Cours royales feraient justice.

D'après le droit commun, il est encore reçu que le mandat *peut aussi être donné verbalement;* mais comme la preuve testimoniale n'en est reçue que conformément au titre du Code civil *des contrats ou des obligations conventionnelles en général,* il est inutile de parler ici sur la nature de ce mandat. Le mandataire a le droit de représenter son mandant, tant devant le préfet en conseil de préfecture, que devant la Cour royale.

D'après le dernier paragraphe de l'article 14, si des erreurs subsistent encore sur les listes, les électeurs et les jurés ne pourront en accuser que leur insouciance. Ce ne sera plus dans le secret d'un bureau d'une préfecture que les pièces respectivement produites resteront ensevelies, inconnues, invisibles; toutes personnes intéressées à en connaître la teneur et la sincérité pourront, désormais, en avoir communication.

« Qu'entend-on par *partie intéressée*, demanda le ministre de la marine lors de la discussion de cet article à la Chambre des Députés, au moment que la rédaction venait d'en être adoptée? — Ce sont, répondit l'honorable M. Dupin aîné, *les parties qui contestent.* — C'est précisément, répliqua M. Hyde de Neuville, ce que je voulais savoir. »

Ainsi, la discussion sur l'article 14 corrobore la force de mon opinion sur l'article 13, en faveur d'une réclamation qui serait adressée à l'autorité par un citoyen non inscrit.

ART. 15. « Il sera publié tous les quinze jours un tableau de
« rectification conformément aux décisions rendues dans cet
« intervalle, et présentant les indications mentionnées à l'ar-
« ticle 7 ci-dessus.

« Aux termes de l'article 8, la publication de ces tableaux
« de rectification tiendra lieu de notification aux individus
« dont l'inscription aura été ordonnée ou rectifiée.

« Les décisions portant refus d'inscription ou prononçant
« des radiations seront notifiées dans les cinq jours de leur date
« aux individus dont l'inscription ou la radiation aura été ré-
« clamée, soit par eux-mêmes, soit par des tiers.

« Les décisions rejetant les demandes en radiation ou rec-
« tification seront notifiées dans le même délai, tant aux récla-
« mans qu'à l'individu dont l'inscription aura été contestée. »

La distinction faite par le législateur pour le
mode de notification est sage. Celui qui obtient un
droit en est prévenu par la simple affiche; mais
celui à qui ce droit est dénié devait en être averti
par une notification particulière et personnelle; il
est juste qu'il connaisse les motifs sur lesquels est
basé le refus qu'il éprouve, afin qu'il puisse éclai-
rer cette même autorité si elle a été trompée, ou
se soumettre à sa décision s'il la reconnaît juste.

Pour la même raison le législateur a voulu qu'un
réclamant contre une inscription fût instruit personnellement par l'autorité des motifs qui l'ont
portée à rejeter sa demande.

L'individu contre lequel cette demande était
dirigée devait également être instruit de cette décision, puisqu'il est possible qu'elle ne soit pas
définitive, et qu'il soit appelé devant la Cour
royale pour en soutenir le mérite.

Il est inutile de parler de la forme dans la-

quelle ces notifications doivent être faites, et aux
frais de qui elles doivent l'être, puisque nous
trouvons dans l'article 71 du décret du 18 juin
1811, sur le tarif en matière criminelle, que les
huissiers ont un salaire pour les actes de leur ministère relativement à l'exécution de l'article 389
du Code d'instruction criminelle, or, la loi que
nous examinons, portant que TOUTES les notifications qui doivent avoir lieu aux termes de cette
même loi seront faites suivant le mode employé
jusqu'à présent en exécution de cet article 389, il
est clair que ces notifications doivent être faites
par huissier, et aux frais de l'État.

ART. 16. « Le 16 octobre, le préfet procédera à la clôture
« de la liste. Le dernier tableau de rectification, l'arrêté de
« clôture et la liste du collége départemental dans les départe-
« mens où il y a plusieurs colléges, seront affichés le 20 du
« même mois. »

Ainsi l'ordonnance du 4 septembre 1820, sur
la publication et l'affiche des listes électorales,
devient désormais inutile.

ART. 17. « Il ne pourra plus être fait de changement à la
« liste qu'en vertu d'arrêts rendus dans la forme déterminée
« au titre suivant. »

Cet article a apporté une modification bien im-
portante à l'article 6 de la loi du 5 février 1817,
qui depuis dix ans avait donné naissance à une
foule de contestations, de procès et de conflits. Il
portait : « Les difficultés relatives à la jouissance
« des droits civils ou politiques du réclamant se-
« ront définitivement jugées par les Cours royales;

« celles qui concerneraient ses contributions ou
« son domicile politique le seront par le Conseil
« d'État. » Cette double juridiction, cette attribu-
tion donnée à deux juges supérieurs, avaient les
plus graves inconvéniens; rien n'était moins clair,
moins positif que la distinction établie entre le
pouvoir administratif et le pouvoir judiciaire. Cet
état de choses a cessé, et c'est le gouvernement
lui-même qui a eu l'initiative de cette grande amé-
lioration. Il est vrai que la Chambre des Députés
avait rejeté la substitution du conseil de préfecture
comme tribunal administratif de la décision du
préfet; il est vrai que la commission de la Chambre des Députés avait déjà attaqué les conflits par
un amendement qu'elle proposait à l'article 22;
il est vrai encore qu'un amendement déposé par
M. Béranger, et que devaient soutenir MM. Mauguin et Dupin aîné, avait beaucoup d'analogie
avec la proposition faite au nom du roi par son
ministre de l'intérieur (1); mais il n'en est pas
moins certain qu'à la séance du 7 mai, le ministre
de l'intérieur trancha la dernière tête de l'hydre
en proposant avec loyauté l'article 17, tel qu'il est
conçu, aux lieu et place de celui qui se trouvait
dans le projet, que la commission avait adopté
purement et simplement, et qui était conçu en
ces termes : « Il ne pourra plus être fait de chan-
« gemens à la liste qu'en vertu de décisions des
« autorités supérieures qui auraient infirmé celles

(1) Moniteur, page 601, 3ᵉ colonne, discours de M. Mauguin.

« du conseil de préfecture. » Ce qui laissait subsis-
ter, en partie, les vices de l'article 6 de la loi du
5 février, que j'ai transcrit ci-dessus.

Ainsi plus de conflits (1).

TITRE TROISIÈME.

Art. 18. « Toute partie qui se croira fondée à contester une
« décision rendue par le préfet en conseil de préfecture,
« pourra porter son action devant la Cour royale du ressort.

« L'exploit introductif d'instance devra, sous peine de nul-
« lité, être notifié dans les dix jours, tant au préfet qu'aux
« parties intéressées.

« Dans le cas où la décision du préfet en conseil de préfec-
« ture aurait rejeté une demande d'inscription formée par
« un tiers, l'action ne pourra être intentée que par l'individu
« dont l'inscription était réclamée.

« La cause sera jugée sommairement, toutes affaires ces-
« santes, et sans qu'il soit besoin du ministère d'avoué. Les
« actes judiciaires auxquels elle donnera lieu seront enregistrés
« gratis. L'affaire sera rapportée en audience publique par un
« des membres de la Cour, et l'arrêt sera prononcé après que
« le ministère public aura été entendu.

« S'il y a pourvoi en cassation il sera procédé comme devant
« la Cour royale, avec la même exemption de droits d'enregis-
« trement, sans consignation d'amende. »

---

(1) M. Dupin aîné dit dans cette séance : « J'admets la déclara-
« tion solennelle faite par un ministre du roi, en présence de tous
« ses collègues, qu'aucun conflit ne pourra être élevé. Je confie
« cette déclaration à tous les souvenirs. »

S'il était possible qu'un préfet élevât désormais un conflit en
matière électorale, il n'y aurait, pour le couvrir de confusion,
qu'à rappeler ce qui fut dit à ce sujet dans la discussion relative à
l'article 18.

Il ne faut pas confondre la confection des listes avec les rectifications de ces mêmes listes. La confection appartient au préfet seul ; la rectification au préfet en conseil de préfecture.

Toute personne qui aura à contester sur la confection de la liste, devra recourir contre ce qu'elle considère comme une erreur, un oubli, une injustice de la première opération du préfet, au préfet en conseil de préfecture ; et, dans ce cas, ce conseil doit rendre une décision motivée. C'est une espèce de tribunal administratif en premier ressort.

L'appel de la décision est dévolu à la cour royale du ressort.

Toute partie qui se croira fondée à contester une décision rendue par ce tribunal administratif de première instance, aura dix jours pour former appel de sa décision ; mais dans ce même délai de dix jours, l'appelant devra notifier son exploit d'appel, tant au préfet qu'à l'individu contre lequel son action est dirigée.

Le délai de dix jours court à partir du lendemain de celui où la notification de la décision rendue par le préfet en conseil de préfecture aura été notifiée aux termes des articles 8 et 15. Ainsi, si la notification est faite le 31 août, le délai court à dater du 1er septembre, et l'appelant a jusqu'au 10 inclusivement pour faire signifier son appel ; le 11 il n'y serait plus à temps.

La disposition du troisième paragraphe de cet article se justifie d'elle-même. Électeur et juré,

simple citoyen même, j'ai le droit de demander
que tous ceux de mes concitoyens que la loi ap-
pelle sur la liste y soient inscrits ; mais cependant
si le préfet en conseil de préfecture décide, à tort
ou à raison, que l'individu dont j'avais réclamé
l'inscription ne doit pas être inscrit, devais-je
si je ne suis porteur d'un mandat spécial avoir le
droit de paraître devant une Cour royale pour faire
valoir les titres d'un particulier à qui il ne plaît
pas d'en faire usage.

Le législateur fait, par le quatrième paragraphe,
une censure amère de ce que nous avons vu aux
dernières élections, il en prévient à jamais le *retour*. *La cause sera jugée sommairement :* ainsi, plus
de moyens pour éloigner la décision de la justice,
et fatiguer certains électeurs par des lenteurs inter-
minables.

Toutes affaires cessantes : ainsi, le législateur
proclame que les droits politiques des citoyens,
sont pour eux-mêmes comme pour la patrie une
affaire devant laquelle toutes les autres doivent
cesser.

Ici plus d'intermédiaire forcé entre le justiciable
et son juge. Il va droit à la Cour ; le fisc ne l'arrête
plus à la porte du sanctuaire ; la loi l'affranchit du
tribut qu'elle impose aux plaideurs ; *les actes judiciaires auxquels l'affaire donnera lieu seront enregistrés gratis*, et le recours en cassation même n'est
plus soumis à une consignation d'amende.

L'appelant, que la loi dispense de recourir au
ministère forcé de l'avoué dans toutes les autres

causes, aura-t-il la faculté d'employer le ministère libre de l'avocat? Je réponds affirmativement.
M. Mauguin avait proposé un amendement qui
eût consacré cette faculté; le rapporteur de la
commission le repoussa, parce que cette faculté
est de droit, et le ministre de la marine, dans la
même séance, combattant un amendement proposé par M. de Montbel au même paragraphe, relatif aux dépens, qui rentrait dans le droit commun, dit : « La même raison qui nous a portés à
« désirer qu'on n'insérât pas dans la loi une dis-
« position qui, *de l'aveu de tout le monde, est*
« *dans le droit commun,* nous fait déclarer que
« nous ne voyons aucune utilité à introduire dans
« la loi celle qu'on vous présente actuellement. »
Ce second amendement fut également repoussé
par la Chambre.

Ainsi les parties auront le droit, dans des causes
de cette espèce, de faire plaider le mérite de leurs
conclusions par des avocats, et les juges restent
les maîtres de distribuer les dépens suivant les cir-
constances de la cause sans être tenus à cet égard
de motiver leurs décisions.

Art. 19. « Le recours et l'action intentés par suite d'une dé-
« cision qui aura rayé un individu de la liste, ou qui lui aura
« attribué une quotité de contribution moindre que celle pour
« laquelle il était précédemment inscrit, auront un effet sus-
« pensif. »

Cet article n'est que la répétition ou l'explica-
tion de l'article 5 de la loi du 2 mai 1827, qui

3.

sapa dans ses fondemens le vice radical de la loi
du 5 février, en ce qu'elle donnait à la décision
d'un préfet l'exécution provisoire contre le véritable électeur. Désormais le citoyen inscrit, et qui
réunit réellement les qualités légales pour être électeur ne verra plus l'exercice de son droit suspendu
par l'esprit de parti ; la vérité ne sera plus écartée
des marches du trône.

C'est pour prévenir ce scandale donné dans presque tous les départemens du royaume que cette
grande innovation fut introduite dans notre législation électorale, et qu'elle a été de nouveau consacrée
par l'article que nous examinons ; mais une administration déloyale et perverse ne pourrait-elle
pas trouver dans ce même article le moyen légal
de fausser une élection ? Pour que la chose fût
possible, il faudrait que tous les vrais électeurs
fussent des lâches ; car il y aurait de la lâcheté de
leur part à se taire s'ils voyaient porter sur la liste
une foule d'intrus.

MM. de Caumartin et de Charencey proposè-
rent, dans la séance du 8 mai de la Chambre des
Députés, des amendemens qui avaient pour objet
de soumettre à une amende les individus qui, indûment inscrits sur la liste, exerceraient par la
seule faveur d'une pareille inscription les droits
électoraux. Leur amendement fut rejeté presque
sans discussion. M. Favard de Langlade soutint
qu'ils étaient contraires *au droit commun.* Je le
crois aussi ; mais que doit-on entendre par le *droit
commun* eu égard au fait d'un individu qui, en dé-

finitive reconnu non électeur, se serait néanmoins
obstiné à voter dans un collége électoral en vertu
d'une inscription erronée, attaquée dans les formes
légales ?

Avant de répondre à cette question, il faut d'a-
bord définir ce qu'on entend par *fonction publique*.
Le mot *fonction* dérive de *fungor*, je m'acquitte.
La *fonction* est donc l'action d'un homme qui s'acquitte d'une chose ; si cette chose est relative aux
affaires de l'État, alors la fonction devient *fonction
publique*. L'action de concourir à l'élection des députés est donc une fonction publique. *Le droit
commun*, dans l'hypothèse donnée, et si ma défi-
nition est juste, se trouve alors écrit dans l'article 258 du Code pénal que voici : « Quiconque
« sans titre se sera immiscé dans des fonctions ci-
« viles ou militaires, ou aura fait les actes d'une de
« ces fonctions, sera puni d'un emprisonnement de
« 2 à 5 ans, sans préjudice de la peine de faux ; si
« l'acte porte le caractère de ce crime. » Ainsi nul
doute qu'un individu qui, pour exercer les droits
électoraux, aurait fait des titres faux, ou aurait
falsifié des titres vrais, devrait être puni comme
faussaire.

Si c'est dans ce sens que M. Favard de Langlade
a entendu le *droit commun* pour cette espèce particulière ; si c'est à cause de l'existence du *droit
commun*, ainsi expliqué, que la Chambre a rejeté
les amendemens de MM. de Caumartin et de Cha-
rancey, elle a bien fait ; mais j'aurais préféré une

disposition spéciale à un délit spécial, afin de ne rien laisser à l'interprétation.

ART. 20. « Le préfet, sur la notification de l'arrêt intervenu, « fera sur la liste la rectification qui aura été prescrite. »

Deux députés, MM. Busson et Béranger, propo-sèrent deux amendemens qui avaient pour objet de suppléer à l'inaction d'un préfet qui ne ferait pas l'inscription ordonnée par un arrêt. Ils furent rejetés après que la Chambre eut entendu deux orateurs, le ministre de l'intérieur qui s'exprima en ces termes : « Les lois peuvent bien supposer « qu'un fonctionnaire public commettra une er- « reur ; *mais elles ne peuvent pas admettre qu'il pous-* « *sera l'absurdité et l'injustice jusqu'à ne pas obéir à* « *un commandement fait d'une manière expresse par* « *la loi.* »

Et M. Pardessus qui dit : « qu'il y ait une action « contre le préfet ; *que le préfet puisse être poursuivi* « *pour avoir privé un citoyen de l'exercice de ses droits,* « *je le conçois ;* mais, ce que je ne conçois pas, « c'est, etc. »

Ainsi, d'après l'esprit du législateur, il n'est pas à présumer qu'un préfet résiste à la volonté de la loi ; mais, s'il y résistait, le citoyen, privé de l'exercice de ses droits, aurait une action contre lui. Quelle est cette action ? c'est celle qui résulte de l'article 114 du Code pénal, ainsi conçu : «Lors- « qu'un fonctionnaire public , un agent ou un « préposé du gouvernement, aura ordonné ou fait

« quelque acte arbitraire et attentoire , soit à la
« liberté individuelle , *soit aux droits civiques d'un*
« *ou de plusieurs citoyens*, soit à la Charte, il sera
« condamné à la peine de la dégradation civi-
« que. »

Le principe est clair ; mais j'aurais voulu que
l'application eût pu en être requise, sans que le
citoyen, victime de l'acte arbitraire , fût astreint
à obtenir du Conseil d'état, en vertu de l'article 75
d'une constitution qui n'existe plus, l'autorisation
de poursuivre l'auteur du délit. Cet abus de l'autorité impériale est universellement reconnu, im-
prouvé ; quand cessera-t-il d'exister?

TITRE QUATRE.

Art. 21. « Lorsque la réunion d'un collége aura lieu dans
« le mois qui suivra la publication du dernier tableau de rec-
« tification prescrit par l'article 16, il ne sera fait à ce tableau
« aucune modification. Dans ce cas, l'intervalle entre la récep-
« tion de l'ordonnance et la réunion du collége sera de vingt
« jours au moins. »

Cet article déroge à l'article 6 de la loi du 2
mai 1827, d'après lequel, si les colléges électoraux
étaient convoqués dans les deux mois qui suivent
la clôture de la liste, les préfets devaient faire im-
primer et afficher un tableau de rectification, con-
tenant l'indication des individus qui auraient acquis ou perdu, *depuis la publication de la liste gé-*

nérale, les qualités exigées pour exercer les droits
électoraux. D'après l'article 21 de la nouvelle loi,
si la réunion d'un collége électoral avait lieu dans
le mois qui suivrait la publication du dernier tableau de rectification, il ne pourrait plus y être
fait de modification, c'est-à-dire que, dans ce cas,
la liste publiée moins d'un mois apparavant serait définitive.

Il peut résulter de là que quelques individus,
qui auraient atteint leur trentième année, aptes à
l'électorat sous les autres rapports, ou qui, âgés de
trente ans, auraient accompli l'année de possession
dans cet intervalle, seraient privés d'un droit que
la loi du 5 février 1817 leur accordait; mais ce
nombre ne sera presque pas sensible. Toutefois,
je signale au législateur cette particularité qui peut
être attentoire, à l'égard de quelques-uns, au
droit que la loi garantissait à tous les citoyens appelés à l'électorat.

Je lui signale encore un autre inconvénient de
cette disposition. Puisqu'il est défendu de faire,
dans le cas prévu d'une réunion d'un collége, *au-*
cune modification à ce tableau, il est possible que
dans l'intervalle du 16 octobre au 16 novembre,
un individu, des individus aient perdu une des
qualités exigées pour exercer les droits électoraux.
Je suppose que, nonobstant cette perte du droit,
ils veuillent l'exercer par cela seul qu'ils sont inscrits sur cette liste. On ne pourra les empêcher de
voter. Je suppose encore que l'élection n'a été
faite ensuite qu'à la majorité d'une voix, et même

d'une demi-voix; car, sur 101 votans, le nombre 51 donne la pluralité absolue, je demande si, à la vérification des pouvoirs, cette élection étant attaquée, serait validée par la Chambre? Elle ne saurait l'être, alors que les réclamans lui présenteraient par exemple un jugement du 17 octobre ou du 19 novembre, qui déclare trois ou un seul des votans de ce collége en état de faillite ouverte. L'élection serait annulée, parce que le collége aurait été vicié dans son essence, tout comme si un individu inscrit, mais mort et enterré, avait été représenté par un intrus muni de sa carte. L'article 21 renferme donc en lui-même un vice que la discussion à la Chambre n'a pas fait ressortir.

Art. 22. « Si la réunion a lieu à une époque plus éloignée
« l'intervalle sera de 30 jours au moins.

« Dans ce dernier cas le préfet fera afficher immédiatement
« l'ordonnance de convocation. Le registre prescrit par l'ar-
« ticle 10 ci-dessus sera ouvert: les réclamations prévues par
« les articles 11 et 12 seront admises, mais elles devront être
« faites dans le délai de huit jours, sous peine de déchéance.
« Le préfet, en conseil de préfecture, dressera le tableau de
« rectification prescrit par l'article 6 de la loi du 2 mai 1827.
« Il le fera publier et afficher le onzième jour au plus tard,
« après la publication de l'ordonnance, et les notifications
« prescrites par l'article 15 seront faites aux parties intéres-
« sées, dans le délai de cinq jours. »

Cet article ne renferme qu'une disposition remarquable, qui résulte non de ce qui y est écrit, mais de qui n'y est pas; c'est que l'initiative des rectifications, dans le cas d'une convocation d'un collége, n'appartient plus au préfet. Il n'a cette

initiative qu'une fois dans l'année, et lors de l'opération qui lui est attribuée par l'article 6 de la loi.
Aux cas prévus par l'article 21, il n'y a rien à faire
pour personne ; à celui prévu par l'article 22, il
n'y a que l'individu, qui croirait avoir à se plaindre
personnellement d'une erreur quelconque commise à son égard, ou qui, étant inscrit, aurait à
réclamer l'inscription ou la radiation d'un autre,
qui aurait qualité pour demander une rectification ; mais, relativement au préfet, la liste qu'il a
close le 16 octobre, aux termes de l'article 16, est
définitive pour lui.

Sans doute, si dans l'intervalle il a connaissance
que des électeurs sont morts ou tombés en faillite,
il pourra, non pas seul, mais par décision motivée,
prise en conseil de préfecture, arrêter que leurs
noms cesseront de figurer sur la liste ; et, quant
à de nouvelles inscriptions, il devra toujours, en
conseil de préfecture, prononcer sur les demandes
qui lui seraient faites par des citoyens qui auraient
acquis les droits électoraux depuis le 30 septembre et même depuis le 16 octobre précédens ; mais
qu'on ne perde pas de vue que *le tableau de rectification* dont il est parlé dans le troisième paragraphe de l'article, n'est que l'exécution du paragraphe précédent, et que le législateur, en 1828,
n'a voulu qu'améliorer ce que le législateur avait
commencé en 1827. Il n'est pas nécessaire de faire
remarquer aux citoyens que, dans le cas d'une
convocation des colléges électoraux, postérieure
au 16 novembre, les délais pour les réclamations

et les notifications sont un peu plus courts; la forme de procéder est toujours la même.

ART. 23. « L'action exercée conformément à l'article 18 sera « portée directement devant la Cour royale du ressort : elle « n'aura d'effet suspensif que dans le cas de radiation, l'assi- « gnation sera donnée à huitaine, pour tout délai, et la cour « prononcera après l'expiration du délai. L'arrêt ne sera pas « susceptible d'opposition. »

En vertu de cet article, un citoyen déjà inscrit qui, par le tableau de rectification, se trouverait rayé, conservera son droit de voter, s'il forme appel de la décision qui le prive de ce droit.

En serait-il de même à l'égard d'un individu inscrit pour la première fois sur un tableau de rectification, dont l'inscription serait attaquée, aux termes de l'article 12? Je me déclare pour la néga- tive. Ne sortons pas de l'hypothèse. Il s'agit ici du tableau de rectification qui doit être dressé dans le cas spécial et particulier de l'article 22. *Quel but s'est évidemment proposé le législateur?* a dit M. de Montbel dans la séance du 9 mai, *de rendre absolument impossible non-seulement la fraude, mais jusqu'au soupçon de fraude.* Par la liste perma- nente, l'électeur a un droit reconnu et acquis. Je suppose que le cas prévu arrive, c'est-à-dire que tous les colléges sont convoqués dans le mois de décembre ou tout autre mois postérieur: des pré- fets en conseil de préfecture rayent de la liste cer- tains électeurs ; le recours contre ces décisions suspend l'effet des radiations. Cela doit être; car, s'il n'en était pas ainsi, il dépendrait d'un

préfet de priver du droit de suffrage certains,
plusieurs, et même tous les citoyens à qui la loi le
confère.

Il n'est donc plus permis à un préfet de vicier
la liste permanente, à l'approche d'une élection,
en en faisant disparaître les électeurs sur les votes
desquels il ne pouvait compter.

La liste peut être viciée encore, en y portant
un nombre d'individus suffisant pour surpasser
celui des électeurs que le préfet considère comme
opposés à son opinion. L'inscription de ces nou-
veaux électeurs ne leur donne aucun droit, si elle
est attaquée par un recours à la Cour royale.
Penser le contraire, ce serait détruire toute l'éco-
nomie de la loi. Il y a deux moyens de la frauder :
le premier, est d'extraire de la liste ceux qui ont
droit de voter; le second, d'y inscrire ceux qui ne
l'ont pas; le préfet a été réduit à l'impuissance
de la frauder sous le premier point; il doit l'être
sous le second; et voilà pourquoi le législateur a
dit que L'ACTION EXERCÉE n'aura d'effet suspensif
QUE DANS LE CAS DE RADIATION. Donc l'action exercée pour faire maintenir une inscription faite,
dans le cas de la rectification dont il est question
dans l'article 22, n'a pas un effet suspensif en faveur
du nouvel inscrit.

La discussion sur le quatrième titre fut très-
belle, très-animée, à la Chambre des Députés :
MM. Chantelauze, Dupin aîné, Favard de Langlade,
Gaëtan de Larochefoucauld, Humblot-Conté,
Mauguin, Montbel, le ministre de l'intérieur,

Mestadier, Ravez, Saint-Aulaire, parlèrent successivement sur les dispositions et la rédaction des
quatre articles dont ce titre se compose, mais il
n'en est pas moins vrai que l'article que j'examine
n'a pas toute la lucidité que j'y voudrais.

Cependant, je regarde comme incontestable que
la réclamation dans les formes légales contre l'inscription d'un ou de plusieurs individus, sur le
tableau de rectification voulu par l'article 22, et
qu'il ne faut pas confondre avec celui qui, chaque
année, doit être clos le 16 octobre, suspend l'exécution de la décision du préfet qui ordonnerait la
récente ou les *récentes* inscriptions. Lorsqu'il n'y
aura pas de réclamations contre les radiations ou
les nouvelles inscriptions, ce sera une preuve
légale que les opérations du préfet sont justes.

S'il intervient une décision de la Cour royale,
l'arrêt ne sera pas susceptible d'opposition. Il ne
faut pas perdre de vue que cette disposition ne
s'applique qu'au cas prévu par l'article 22; ici la
position n'est plus la même que celle dont il est
question dans l'article 18.

ART. 24. « Il ne pourra être fait de changement au tableau
« de rectification ci-dessus prescrit qu'en exécution d'arrêts
« rendus par les Cours royales. »

Que signifie cet article? N'était-il pas inutile
après les dispositions de celui qui précède?

Quoique l'ancienne administration ne cessât de
répéter, par ses agens et par ses écrivains, qu'il
n'y avait point eu de fraude de sa part dans la

confection des dernières listes, on se souvenait cependant de prétendues rectifications faites la veille du jour des élections, *écrites à la main* et affichées, dans la salle de certains collèges électoraux, le jour même de leur convocation. Le législateur a voulu prévenir le retour d'un pareil scandale. Tel est le motif qui a donné naissance à cet article.

TITRE CINQUIÈME.

ART. 25. « Nul individu appelé à des fonctions publiques tem-
« poraires ou révocables, ne pourra être inscrit sur la première
« partie de la liste du département où il exerce ses fonctions,
« que six mois après la double déclaration prescrite par l'ar-
« ticle 3 de la loi du 5 février 1817. »

Cet article applique spécialement aux fonctionnaires publics la disposition générale du premier paragraphe de l'article 3 de la loi du 5 février. Quand cette loi avait donné à *tout Français* le droit de changer son domicile politique, elle avait certainement compris les fonctionnaires dans son acception, puisqu'elle était universelle; mais il y avait eu *abus*, par ordre ministériel, de la part de plusieurs de ces *fonctionnaires*; beaucoup d'entr'eux avaient voté dans des collèges dont la loi leur avait interdit l'entrée, puisqu'ils n'avaient fait aucune déclaration de changement de domicile; ils s'étaient ainsi mis au-dessus des lois; le législateur a voulu leur apprendre ce qu'ils n'eussent pas méconnu, si l'esprit de parti n'avait pas étouffé en eux le sentiment de probité; il a voulu leur apprendre, dis-je, que chargés de faire exécuter les lois, ils doivent être les premiers à se soumettre à leur sainte volonté.

En discutant cet article, le législateur a rendu une décision qui n'est pas écrite, mais qui n'en résulte pas moins de la discussion. L'électeur qui a réclamé, dans les formes voulues par la loi du 5 février, et consacrées par la loi nouvelle, son changement de domicile politique, conserve l'ancien, tant que le délai prescrit pour obtenir le nouveau n'est pas expiré. Ce principe si simple, si naturel, avait été méconnu par l'ancienne administration; il ne pourra plus l'être.

ART. 26. « Les percepteurs de contributions directes sont « tenus de délivrer sur papier libre, et moyennant une rétribu- « tion de 25 centimes par extrait de rôle concernant le même « contribuable, à toute personne portée au rôle, l'extrait relatif « à ses contributions; et à tout individu qualifié comme il est « dit à l'article 12 ci-dessus, tout certificat négatif, ou tout ex- « trait des rôles de contributions. »

Chaque article de la nouvelle loi semble rédigé exprès pour la condamnation de l'administration précédente. Elle avait donné des ordres secrets aux percepteurs d'entraver, autant qu'il leur serait possible, les démarches des électeurs constitution- nels qui voulaient se faire porter sur la liste; il est inutile de rappeler toutes les peines, tous les dégoûts dont ils furent abreuvés; les justes cla- meurs des contribuables retentissent pour ainsi dire encore.

La commission avait proposé une peine contre
le percepteur qui refuserait de délivrer les extraits
qui lui seraient demandés. La Chambre a rejeté
cet amendement. Sur quel motif? Sur le motif
donné par le ministre de la marine, que le percepteur qui refuserait de délivrer un extrait serait
destitué, parce qu'il aurait désobéi à la loi. Mais,
sous le ministère de M. de Villèle, des percepteurs
n'ont-ils pas été destitués pour y avoir obéi?

Le ministre de la marine ajouta : « Vous con-
« viendrez que pour une violation positive de la
« loi, une amende de cent francs est une peine
« trop minime. »

Le ministre des finances dit à ce sujet : « La
« partie requérante pourrait toujours, en cas de
« refus des percepteurs, les traduire en référé
« par-devant le tribunal de première instance,
« qui ferait promptement cesser leur résistance :
« ils ne voudront pas encourir des contraintes et
« des condamnations de frais qui seraient inévi-
« tables. »

Le ministre de la marine avait raison? Qu'est-ce
qu'une amende de cent francs pour punir la violation manifeste de la loi? Pourquoi créer une
peine contre le percepteur quand on ne veut pas
en établir une contre le préfet? Pourquoi punir le
subalterne d'un délit qui, pour le passé du moins,
n'a été que la conséquence des ordres du chef?
Toutefois le ministre des finances a tracé, du
haut de la tribune, la marche que les citoyens
auraient à suivre si un percepteur s'avisait de leur

refuser un extrait que la loi les autorise à réclamer; et sous une administration loyale la destitu-
tion d'ailleurs suivrait de près un refus que rien,
désormais, ne saurait justifier.

Que les percepteurs fassent bien attention à la
disposition de l'article. Non-seulement toute personne inscrite au rôle a le droit de lui demander
l'extrait de ses propres impositions; mais TOUT
INDIVIDU inscrit sur une liste électorale d'un département a le droit d'exiger d'un percepteur tout
certificat négatif ou *tout* extrait des rôles de contribution.

La première partie de la disposition n'est que
la répétition de ce qui était déjà incontestable;
quant à la seconde, comme elle introduit un droit
nouveau, le percepteur pourra exiger que le réclamant justifie qu'il est inscrit sur la liste, ou qu'il
est muni d'un pouvoir spécial d'un électeur.

Les certificats seront délivrés sur *papier libre.*
Je ne puis croire, ainsi qu'un journal l'a annoncé,
qu'un percepteur se soit déjà refusé à délivrer sur
papier libre des extraits qui lui auraient été demandés. Si le fait est vrai, je regrette que le projet
de la commission ait été rejeté; c'eût été bien de
pouvoir le condamner à cent francs d'amende pour
le punir d'avoir méconnu la volonté de la loi.
Mais que le réclamant prenne la route indiquée
par le ministre des finances, et, d'après ses pro-
messes, si le percepteur est convaincu du fait
dont on l'a accusé, il sera condamné aux dépens
de l'instance et il sera destitué.

'Quelle est l'indemnité allouée aux percepteurs
pour les extraits qu'ils délivrent? Déjà cette question a amené des discussions entre des percepteurs
et des contribuables. Les journaux ont annoncé
que le ministre des finances a écrit une circulaire
pour les faire cesser et prévenir celles qui pourraient naître encore; ils en ont donné la substance (1), et le ministre des finances n'a pas dé-
savoué leur assertion. D'après cette circulaire
ministérielle, le percepteur serait tenu de délivrer,
moyennant une rétribution de vingt-cinq centimes,
à toute personne portée au rôle, l'extrait de toutes
ses contributions, parce que, dit le ministre, « il
« serait trop rigoureux d'obliger les contribuables
« à débourser le prix de quatre extraits de rôles
« pour pouvoir justifier séparément de la somme
« à laquelle ils sont imposés sur chaque contribu-
« tion. » Le ministre des finances répète dans sa
lettre ce qu'il avait dit à la tribune, dans la séance
du 9 mai, sur l'interpellation de M. Caumartin. Il
n'est pas possible de se méprendre sur l'intention
du législateur quand c'est le contribuable qui demande l'extrait de ses propres impositions puisque
la disposition qui le concerne a été introduite
dans la loi, par un sous-amendement spécial qui
fut présenté par M. Lepelletier-d'Aulnai et adopté
après avoir entendu le ministre des finances et le
général Demarçay, qui prirent la parole pour ex-
pliquer et appuyer ce sous-amendement. Doit-il

(1) Le *Constitutionnel* du 22 août 1828.

en être de même, lorsque l'extrait des rôles d'autrui est réclamé par un *individu qualifié comme il est dit à l'article* 12? Si l'on prend l'article à la lettre, la réponse doit être affirmative, car les termes de la loi mettent sur la même ligne les deux réclamans.

Mais si on examine attentivement la discussion, on restera convaincu que, puisque le législateur a mis, dans son esprit, une différence entre celui qui réclame un extrait de ses propres impositions, et celui qui réclame l'extrait des impositions d'autrui, cette différence doit avoir un résultat; et quelle conséquence en tirera le percepteur? C'est que s'il ne lui est dû que cinq sols alors qu'il délivre à un contribuable l'extrait du rôle de son imposition personnelle et mobilière qui forme un registre; l'extrait du rôle des patentes, qui forme un autre registre; l'extrait de ses impositions foncières, qui forme un troisième registre ; il doit lui être dû cinq sols, alors qu'il délivre à un tiers l'extrait du rôle de l'imposition personnelle et mobilière d'autrui; plus cnq sols pour l'extrait du rôle des impositions foncières, ce dernier extrait fût-il composé de cinquante articles. Il dira, à l'appui de son système : si je suis forcé, pour 25 centimes, de fournir au contribuable l'extrait de trois registres différens; si le législateur l'a voulu particulièrement ainsi pour le contribuable, il ne l'a donc pas voulu à l'égard du tiers; *qui de uno dicit de altero negat.* Je suis de l'avis du percepteur.

Le percepteur serait-il fondé à vouloir, à l'égard

du tiers, délivrer autant de certificats négatifs
qu'il y a d'espèces d'impositions directes, quoique le tiers eût demandé des extraits des diverses impositions ? Je réponds négativement,
parce que, dans ce cas, le travail du percepteur se
borne à un simple et court compulsoire, et que,
quoiqu'il ait trois registres à ouvrir, il n'a rien à
en extraire.

ART. 27. « Il sera donné communication des listes annuelles
« et des tableaux de rectification à tous les imprimeurs qui vou-
« dront en prendre copie. Il leur sera permis de les faire im-
« primer sous tel format qui leur plaira de choisir, et de les
« mettre en vente. »

Cet article, présenté comme amendement par
M. de Tracy, est le complément de la loi sur la
publicité et la permanence des listes électorales; il
supplée, en quelque manière, à l'affiche, moyen
de publication presque illusoire dans les départemens de la Seine, du Nord, de la Seine-Infé-
rieure, etc.

ART. 28. « Pour l'année 1828, les opérations ordonnées par
« la présente loi commenceront le premier jour du mois qui
« suivra la promulgation et seront poursuivies en observant le
« délai qu'elle prescrit. »

Cette loi a été promulguée à Paris, le 10 juillet ;
les opérations ont dû commencer dans tout le
royaume, le 1er août, elles devront être termi-
nées, cette année le 16 décembre, et à l'avenir
elles devront l'être le 16 octobre.

Cette loi n'est pas parfaite ; elle laisse encore

bien des choses essentielles à la discrétion des préfets. Cette loi améliore notre Code électoral ; mais a-t-elle rempli toutes les lacunes que nos publicistes avaient signalées ? Non, sans doute. Le vice radical est dans la loi du 5 février 1817. Cette loi a violé l'article 40 de la Charte, en lui donnant un sens forcé qu'il n'avait pas. L'édifice a été bâti sur un fondement qui est faux ; de là tous les étais qui, chaque année, y sont adossés pour en prévenir la chute. Le peuple français n'a pas donné sa démission, comme on l'a dit, mais on est parvenu à le mettre à l'écart, en expliquant l'article 40 du pacte social, contre le véritable esprit qui l'avait inspiré. L'État demande au peuple huit cents millions sur un milliard, et ses enfans pour en composer ses armées, mais il ne lui demande plus ses suffrages une fois dans cinq ans. Heureusement il est remplacé de droit, en ceci, par l'élite de la nation. Mais, pourquoi diviser ce qui devait rester uni ? Dans la situation où se trouvait la France, a-t-on bien fait d'introduire cette innovation dans nos lois ? Des citoyens probes et dont les hauts talens et l'amour de la justice ne sauraient être contestés, l'ont cru. Attendons l'avenir.

www.ingramcontent.com/pod-product-compliance
Lightning Source LLC
Chambersburg PA
CBHW071006280326

41934CB00009B/2196